José Carlos Turrado de la Fuente

Danzas

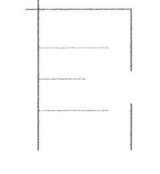

Ápeiron Ediciones

2024

José Carlos Turrado de la Fuente

Danzas

Obra ganadora
del
Premio «Álvaro de Tarfe» de Poesía 2024

COLECCIÓN CLAVILEÑO

1.ª edición, 2024

© Del texto: José Carlos Turrado de la Fuente

© Ápeiron Ediciones

C/ Príncipe de Vergara, n.º 132, planta 9
28002 Madrid
Tfno.: (+34) 611 00 28 41
E-mail: info@apeironediciones.com
http://www.apeironediciones.com/

Diseño y maquetación: Ápeiron Ediciones

Papel procedente de fuentes responsables

ISBN: 978-84-128568-7-3
DL: M-13883-2024

DANZAS

1

Alzar antorchas de noches
a los cielos congelados
para que vuelvan borrachas
a tus brazos como lazos,
besas mis lomos hendidos,
besas mis lomos llagados,
el cauterio de la tea
muda en cera al pastramado,
y como nuestro secreto
vuela ya desperdiciado
esta noche, vida mía,
no está prohibido el pecado.
Pequemos, que somos niños,
crezcamos como dïablos,
a cuerna de esbelta Hathor
que me revuelca entre abrazos,
la arena me huele a junio
y al estro de tus sobacos,
yo peco en bermas del río
que de barcos va cansado,
¿eres niña?, soy tu muerte,
¿estás muerta?, ¡vaya caso!,
esta noche, vida mía,
no está prohibido el pecado.
Se sabe en los mentideros
que aturden el Barrio Santo
que esa muesca en tu cintura
en mi pecho es cruento daño,

me dan vergüenza tardía
argumentos tan extraños,
¡¿pero qué le puedo hacer
si ya fui crucificado?!;
a menudo en esta playa
manan mares de mis manos,
esta noche, vida mía,
no está prohibido el pecado;
y las tuyas, terciopelos
con zafiros en los ojos,
sacuden tus muslos nube
como tantanes furiosos,
álzanse en ardiente juego a
vida o muerte, lujuriosos,
avidez entre los dedos,
tal vez sed de estos despojos,
¿yo?, mesana de esta orilla,
navegante entre estos palos:
esta noche, vida mía,
no está prohibido el pecado;
son tus manos, las he visto,
trague el limo a este cobarde,
tu hoguera me fuerza a abrirme y
surten tripas de rumiante,
verde hierba, selva gris,
grasa, carne, sebo y sangre,
hiberniza entre silencios
en tudesco entonas aires,
amarillos por doquiera,
¡qué donaire a ritmo hispano!,
que esta noche, vida mía,
no está prohibido el pecado.
¿Por qué quieres despertarme?

¿A qué viene tanto látigo?
¿No te parezco, danzante,
varonil, mejor, más guapo?
Resaca y senos desnudos
no pueden ir enlazados,
¿la resaca?, ¡nunca, nunca!,
mejor senos a fustazos,
que está oscuro el puro fuego,
puero soy, ofidio y flaco,
y esta noche, vida mía,
no está prohibido el pecado.

2

¿Que está viva mi Leucipa?,
¿que está viva?, ¿qué me dices?,
¿qué haré yo, si al Dios bendito
por dolores ya maldije,
si ahinojado sobre ebúrneo
del futuro me desdije
y mi perdón será absurdo,
de heresiarca sin raíces?
Mi mentira será exacta,
tan diáfano el argañal,
mi panoplia de farsante
¿a qué maula engañará?,
¡ay, qué dicha y qué agonía!,
¡cuán parodia lenguaraz!,
¿vencerá el feliz amante
o el hipócrita mendaz?
Tal vez pueda todavía
soportar mi penitencia,
mas el penar, si es falsía,
elegía es y sentencia,
¿ateos labran troqueos?,
no lo creo, y sí la afrenta,
consultaré con mi amada
en pos de que ella intervenga;
a su merced estoy hoy,
más que nunca, ya lo estaba,
¡ay!, si tan libre nació

¿cómo mi alma es tan esclava?,
para colmo, no Bizancio
oteo allá en la distancia,
Éfeso y Alejandría
soñaron hoy mis entrañas.
¡Oh, Leucipa, dama alumbre!,
¡oh, Leucipa, sabia niña!,
intercede tú por mí,
arrepiente a este suicida,
al candor del corazón
que mi necio ardor inspira
me encomiendo, ¡ay, ocasión
tan dichosa y tan maldita!

3

Sensual almea de intelectüales,
tus artes conmocionan todas sañas,
visión de un Borromini con legañas
que instan a trascendencias tan casuales

que de tan sinüosas irreales
aturden los jardines en argañas,
ya flor, ya trébol, juncia, yerba, cañas
que anudo cinco en cinco en mil vocales;

¿yo un intelectüal?, mi no rotundo,
tendré que interpretarlo con humor
a fin de no oprobiar arte facundo;

¿es que no diferencias el sabor?,
¿hasta ese punto se ha podrido el mundo?;
en fin, cabeza gacha y al tambor.

4

Recuelo de achicoria
en un barrio de Soria,
una infantil memoria
que vuelve como noria,
¿no fuiste tú mi gloria
cuerda y contradictoria,
feroz y giratoria?,
retórnate la historia,
creíste que era estéril mi chafalda
y encuéntrasla manchándote la falda.
Un bello solitario
inútil y lunario,
el cutre literario
publica tu dïario,
el turista templario
te sube al escenario,
dejásteme ordinario
jalón de tu rosario,
¿pensaste herirme aquí, livianamente,
en pecho, corazón, cerebro y frente?
Gallarda de maldad,
tirana de la edad,
responde a tu crueldad
ante la autoridad,
que aunque tu oscuridad
respete de verdad
irá curiosidad
a tu universidad,

y aunque también te guarde yo el delito
es clásico silencio que es un grito.
Y chilla tu apellido,
que deje él encendido
en tu rostro corrido
un rato removido,
y un porvenir marcido
de orgullo revenido,
estómago aterido,
enfermo de tu ruido,
que a quien siembra los campos de fantasmas
deben envenenarlo cual mïasmas.

5

No narraré la batalla,
que ya ha terminado, Aurora,
por fin regreso al hogar,
a este pueblo que decoras,
a besarte bajo el plágano
donde dos letras donosas
nos han velado el amor
como dos lanzas furiosas;
¡ay, qué guapa estás, mi niña!,
¡ay, qué hermosa que es mi novia!,
quede atrás Jerusalén
y aún más Constantinopla;
los más excelsos claveles
sus mejillas arrebolan,
y son rosas blancas nubes
que en su torso se emocionan,
campanillas españolas
suenan en su voz preciosa,
¡y es tan larga, larga, larga,
que zinnias en su corona
retornan con suaves nieves
y este beso nos aroman!
No te voy a relatar
nada de la guerra, Aurora,
imagina sin amor
esta tierra tan gozosa
y habrás visto suficiente,
¿para qué manchar con prosas

esa lira de tu frente,
fuente de aguas luminosas?
¡A la ermita, raudo, presto!,
¡avisa al fraile imperiosa!,
que del mundo que he ganado
eres tú la emperadora,
¡y que suenen las campanas!,
¡que escuche Cepeda toda
cuánto quiere Nicolás
a Fernández Sanz, Aurora!

6

Llueve bajo el techo, toda ella ceniza,
grises aran surcos sobre la rojiza,
demente y vibrante piel de Salomé,
bailarina en sucia, cruel y pueril liza
de la niña turbia, que en regla huidiza,
sin texto ni velo busca su porqué;
caediza en pulcra escena parisina
la contemplo absurdo tras esta cortina,
niño sin recuerdo, orden ni tamiz,
tapizada en carne de maña asesina
hiende en mí sus ojos, siempre repentina,
y cerebro adentro me hunde su raíz;
¿quién es inocente, quién el principiante?,
¿por qué titubeo siquiera un instante,
si a meretriz veo franco su color
novel con corrido, verde con andante?,
ni que fuera el bardo un burdo visitante
y no un avezado en cunas y estertor;
no lo sé, no pienso, tuba, adyún y viento,
la ninfa bisoña nada en su elemento,
nuda, plumudante, debutante juez,
tan pronto se pliega, yergue su instrumento,
en una nutricio y ázimo alimento,
¿qué fue de este sabio toda lucidez?;
cede el centinela, cesa el vigilante,
sólo cuello arriba es la almea elegante,
pero yo aterrizo en yermos de terror,
aramio barbecho, junto, no distante,

le codicio incluso el ojo jadeante
y el cayado preso pierde su pastor;
pupila maestra, garza y argentina,
torva va la mía, torpe y masculina,
maliciosa dama, portentosa actriz,
finalmente asesta giros de propina,
muéstrase, se esconde en la luz mortecina
y mi hacha afilada me trama un desliz;
se queda silente la sala y plomiza,
los muros pelados, la alfombra pajiza,
cenital el sol, desierto el quinqué,
y hallan junto al cuerpo muerta mi baliza,
y una cría tímida, límpida, albariza,
que llora y musita: "Fin del minué".

7

Me has besado dulcemente,
mi primor, mi suave madre,
la meseta se estremece
mientras las aldeas arden,
las fundamos y morcellas
se apacientan en brezales,
amoratada la tuba
los rebaños nutre a mares,
¿es que puedo concederte yo el presente?,
¿es que acaso soy el dueño de mi frente?
Pareja estola de novia,
me besas uncida al llanto,
mi báculo senescente
las laderas torna en prados,
alimañas inocentes
solivianta los sembrados
y carreras ardorosas
aroman mis desencantos,
¿es que puedo concederte yo el presente?,
¿es que acaso soy el dueño de mi frente?
Sutil beso, de una hermana,
y virginal primavera,
de capilla con retablo
y santita de madera,
reclinado y ya rendido
girasoles me alimentan,
y la picual con sus jugos,
y las uvas con su esencia;

¿es que puedo concederte yo el presente?,
¿es que acaso soy el dueño de mi frente?
Amante y provenzal beso
que emociona el corazón,
los tocinos españoles
rezuman en el perol,
yo te abrazo y paladeo
tu benéfico sabor,
¡vive Dios si no estás lenta
y precioso es tu arrebol!;
¿es que puedo concederte yo el presente?,
¿es que acaso soy el dueño de mi frente?
Tú me besas, tú, mi esposa,
y mis versos fantasean,
a una hija beso yo
y armo metal y materia,
la llanada es chiquitita
e inofensivas las sierras,
quisiera sentirme amado
y una orquesta en esta tierra;
¿es que puedo concederte yo el presente?,
¿es que acaso soy el dueño de mi frente?

8

Arabesco de latino
hiendo en cuero, con alheña,
de una niña morabita
por los blancos de Lucena,
retiro velo tras velo
y arranco sus altaneras
mentiras peyorativas
que ni hieren ni molestan;
¡qué tristes son las palabras
tan sin amor, sin huella!,
vapor al ritmo del riq
que a sexo en la jaima apesta,
posada como estaría
el qanun sobre mis piernas
que ni saben caminar
ni versículos alientan;
fragante es la noche helada,
fragante la escupidera,
se llevarán las grafías,
poemas de tus caderas,
amaneceres sombríos
de extinciones venideras,
tú me comes las propinas,
yo no creo en tus promesas;
fuera musita el simún
apaciguadas protestas,
cuando apelo a la honradez
me devuelve las estepas,

rocas sin credos ni aristas
repártense en las arenas
y yo siento que tu daga
me traiciona, tan serena.

9

Estancada el agua
de piélagos árticos
sudan tus entrañas
cual rocinos blancos
crespos de banquisa,
candiles galácticos
iluminan miembros
de deleites pálidos.
Danzaré sobre tu cuerpo,
danzaré sin compasión,
y en la tundra de tus muslos
levantaré mi mansión,
tu frío en los lambrequines
del cielo, y a mi tesón,
pintaré trazos de antorcha,
pura desesperación.
Lámparas en cirros
tierras mantecosas
parecen bañar
con sangre de rosas,
rosas de colores,
albas, negras, rosas,
rosas amarillas,
verdes agua, rosas,
tus campas del vientre,
serenas, preciosas,
nacen en tristezas
núbeas amapolas

que nutren de polen
las arterias rotas.
Animal lacustre
de mis entretelas,
brinco, niño túmido,
sobre tu planeta,
reflotan tus brazos
de las parameras,
matos de retama
rebrotan, doncella,
se funde la escarcha,
párpados despiertan,
los ojos derriten
derrotas, quimeras,
que mis pies son firmes
y queman mis huellas.
Esos cordones ignotos
del hielo de tu razón
vencerán cien mil requiebros
de loco, oriental dragón,
parece que te movieras,
sueño tu resurrección,
gélida briza mi prisa
este demencial calor.
Este cruel gusano
que drenó tus venas
clava en tu esternón
témpano y bandera,
hiere tu relieve,
sordo ante tus quejas
y fija sus feudos
en follaje y cejas,
sentencia los poros

de espátulas yertas,
de esas dos clavículas
de papel desiertas,
araña y araña
donde yaces quieta.
Larvas electrizan
tu latir casual,
¿naces o te pudres,
mi hermoso animal?
Al fragor capcioso
de mi manantial
creo que tu torso
se empieza a animar,
nada te prometo,
pues no sé nadar,
sólo que tu cuerpo
voy a bautizar,
salto en tu dintorno
como un semental.
Respiración, no me falles,
no te rindas de dolor,
cuenta acaso los segundos
como carneros en flor,
me concentro en seguir vivo,
en percibir tu calor,
y en cuanto me tropiezo
me miento: "Mucho mejor".

Recién he llegado a Roma
sin pechar en la adüana,
¿será por eso, mi moza,
que te encuentro tan lesbiana?
¿Por qué no ríes, princesa?,
¿ni un beso?, traigo tu carta,
envuelta en esencia de rosas
la codicio yo firmada.
¡Que era broma! Estás preciosa
con el pelo corto, Arianna.
¿Ves cómo no te mentía,
que tan pronto yo juntara
un puñadico de euros
me tenías como malva
puntüal en tu felpudo…?
¡Huy!, ¿por qué esa mala cara?
¡Cuánto has mudado tu gesto!,
¿olvidaste tu cruzada?
No me cuentes más, comprendo,
no es compleja la espantada,
demasiado fue fortuna
de encontrarte en esa playa,
bajo aquel tul opalino
de luna y vino embriagada,
danzarina hada traviesa
como bacante entregada,
como henchida de beleño
y transida de mandrágora,

la más bella creatura
que esta alma tan cansada
imaginó sobre el mundo,
imposible de argentada,
italiana ensoñación
con su suave "hasta mañana".
¿Puedo al menos hoy dormir
en tu casa, no en tu cama?,
yo soy pobre, bien lo sabes,
es tarde, de madrugada,
que yo sé que vives sola,
no te molesto, palabra,
ya me busco yo la vida
al amanecer, con calma,
y rediela si no es cara
la almohada en la urbe santa.
¿Que será mejor que no?
De verdad, que no haré nada,
que te juro, no es mejor,
aunque sea aquí, en la entrada,
que no tengo dónde ir,
que no es sólo una andanada
de un amorío en fiasco,
no me trames la guarrada,
que aunque me has dejado el pecho
hecho astillas, perdonada
ya estarás, que es que no es eso,
¿no debí venir?, pues nada,
que aunque me hayas engañado
sé que la vida es muy rara
y que hay cosas que se dicen
muy sencillo si hay distancia…
imprudente has sido, ¡bueno!...

¡que ya es cosa fea y basta
de vida pedestre y sosa!,
¡que no traje casi pasta!…
que me veo sobre un banco…
que es febrero y hay nevada…
te recuerdo que en mi casa
te quedaste dos semanas…
que hasta el jueves no saldrá
mi vuelo de vuelta a Málaga…
¿que por qué no te he avisado…?,
hoy no suenas tan romántica,
tampoco tan feminista
como en julio asegurabas...
¿recuerdas lo que te dije?,
¿por qué la mujer fracasa?,
y me llamaste machista y
si mujeres mal tratadas
desde Roma a Tombuctú,
de Vladivostok a Francia…
¡esto no se lo hace un hombre
a una muchacha por nada!,
¡¡¡¿dejarla tirada en la acera
sin un chavo y bajo helada...?!!!,
¿te lo imaginas siquiera?,
¿ni siquiera una palabra?
¿Dónde miras? ¿Te avergüenzo?
¡Espera, no cierr…! ¡Aguarda!
…Curro, piensa bien, no llores,
ponte frío, para y calla,
ni se te ocurra siquiera
ponerte a gritar ¡canalla!,
canalla, canalla, canalla,
¡canalla!, ¡canalla!,
¡¡¡canalla!!!

11

Es de prosa de Ugarit mi locura,
¿no serán mis amores desnudeces?,
¿es que pueden ser tus senos soeces,
sensata por lo tanto la ruptura?

Duelo a sangre a la palabra impura
que erosiona, por blasfema, esbelteces
al roce de agrestes ingravideces
de ronco canor, desembocadura.

Te juro que no soy un mercenario
ni hontana de falsario mi talento
y tasa el verso más por emisario

del sentimiento; mi prosa lamento,
¡ya fuera yo un Homero visionario
y tu hondo declamar mi cumplimiento!

12

¿Para qué me lo preguntas?
Nada voy a describirte,
se hizo la guerra, habrá paz,
y eso es todo, blanco cisne,
¿que si he matado yo a alguien?,
a ti nada he de decirte,
sólo que al fin veo claro
y mi pluma escribe firme;
discúlpame titubeos
y escarceos infantiles,
otra pregunta yo traigo
y las rodillas confirmen:
¿querrás casarte conmigo?,
deuda con Dios porto en ristre,
y es llevar encima el mundo,
sin felicidad no existe,
sin ti latir es de guerra,
es paz sólo si me asistes,
de ti depende, eres todo,
sin ti el universo es confines
de nada, ¿universo?, dolor,
no habrán finado sufrires
hasta que me los ensalmes,
muerte es no, la vida es síes,
soldado seré yo siempre
hasta que tú me unzas libre,
¿quieres casarte conmigo,
Leonor Martín Galíndez?

Ríes, sí, eso es un sí,
sí, sí, sí, ¿verdad?, mi cisne,
cisne, niña, mi mujer,
corro al cura, he de decirle
que repiquen las campanas,
rápido, vengan por miles
campesinos de Guareña,
palma en mano y no fusiles,
este ejército es el mío,
no el de guerras tan pueriles,
¡que sepa Castrillo todo
cuánto adora Blas Martínez
a su eterna soberana,
Leonor Martín Galíndez!

13

Te aguarda el ciclorama
anheloso, galante coribante,
al fin de un *balançoire*,
él híspido y bucólico implorante
en básico *écarté*,
con único propósito de amante,
con pétalo a la mano,
planéate un aplauso llameante;
¿cómo puede tu cuerpo
flotar por entre espuma semejante?,
se sabe que hay un dios
al contemplar obra del dibujante,
y tú en tu desnudez,
sin lezna, ni pincel, y si volante
por viento no, ni pluma,
quizás en el tobillo deslumbrante,
iridiscente voz
angélica en la carne consonante.
Rivoltade, jeté,
te fundes en hechizos de diamante,
royale, sissonne, en croix!,
y yergues tu testuz tan fascinante.
¿Qué queda? La ovación,
que dures, vida, eterna, que durante
tu milagro, actuación,
el Cielo disfruté por un instante.

14

Es tan triste esta semana
que ojalá estuviera muerto,
para colmo clamo: "¡Baila!"
y respóndome: "¡No quiero!",
tendrías que verme, amada,
meneando ahora el cuerpo,
pues bien sé que si me paro
sería el parón eterno.
Un brazo sigue colgón
mientras el otro cimbreo,
lento compás de cadera
a batuta de ojos secos,
mitad abierto está el uno,
el otro, ¿cerrado o ciego?,
no me siento seductor,
ya seré más joven luego,
cuando sea más mayor,
que ahora no tengo tiempo.
Tesitura de fantasma,
"La Bamba" en un *adagietto*,
como si me contemplaras
al reverso del espejo,
¡que no se detenga el *show*!,
¡vamos, venga, haz un esfuerzo!,
lacrimea el antifaz,
lo siento, mi amor, no puedo,
de verdad, es que no puedo,
créeme, es que no puedo,

no puedo, no puedo, no puedo,
no puedo, sin ti no puedo…

15

Bárbaro de ojos rasgados,
potaje de samovar,
cuando vuelvas y me encuentres
quemaré y renegarás;
si no supiera la historia
te arengaría a probar,
pero la sé y te prevengo,
vienes, Marianne y te vas.
Buelga a tus pies olfateo
como un perro sin domar,
mis garras funden la nieve
hasta que el lolio letal
se adhiere a mis longitudes
y muero sin marchitar;
¡qué ominosa certidumbre
ésta de certificar
que tu templanza y mis hielos
nunca se habrán de encontrar!,
que serás una leyenda
y yo historia que contar
entre niños por la noche,
junto al fuego, por jugar,
conveniente brin de miedo,
la docencia de asustar.
Tú me asustaste primero,
pero bueno, qué más da.

16

Romana amante, impetüosa,
a tus termas te he seguido,
acopia lo producido
en mi aldea tan hermosa,
junto a ti tan deliciosa,
de muchacha y quitasol,
no de Naxos, español,
la anécdota es conocida,
recuérdese divertida
y prenda en tu facistol.
Repite el baile maestro
de tu falda recogida,
no bajada, sí ascendida
y aprendida del ancestro,
por si acaso un brin siniestro
en mi visita presientes:
codicio tus referentes
y de ahí sigue el sendero,
sólo medio forastero
surte el viento de estos dientes,
de hombre libre, no cautivo,
¿no te acuerdas?, soy valiente,
me alegro profundamente,
y de honduras instintivo:
rara vez yo me cohíbo,
a denso sabe mi arrope,
si lo prefieres, de Lope
valga por representante,

quizá no tan fascinante
pero familiar galope:
brioso, vivo, puro, activo,
coqueto si bien mirado,
competente si soñado
y nocturno fugitivo,
bajo el sol más vengativo:
vengo a ti, traigo la saga,
veamos, doctora maga
lo que obtienes de mi guante,
si mis modos de viajante
o del mulo la zurriaga.

17

Pareces hoy barniz que cubre barro,
danzarina, y contemplo tan atento
que intento convertirme en alimento
en tu interior, pero soy un chinarro;

¿cordial enfermo?, ¡*hélas*, que soy catarro!,
procuro descubrir un tratamiento,
justicia para ti, mi testamento,
en blanco pena este vulgar guijarro;

platónica agonía en nietzscheano
tartamudea forma tan bonita,
parezco un soplagaita americano:

postrero de la fila este levita,
fandango vozarrón ronco y gitano
mendiga un trago de jarra bendita.

18

Terpsícore, hermosa musa,
concede que te investigue,
tan alacre tú, él tan triste,
¡ay! bergante del mester,
que navegue tras tus brumas
cual corsario que persigue
un tesoro áureo, imposible,
rapsoda y no mercader;
grumetillo del Egeo
por tus olas hasta Melos,
desde Cítera hasta Delos
hombre el barco, el mar mujer,
con la brújula allá en Lemnos,
ávido de sus gobiernos,
Séfiros a un flanco y Ceos
por el otro, a tu merced;
¡ah, pulquérrimo horizonte
de celeste epifanía!,
¡*hélas*, inspiración mía,
sendero de mi vivir!,
te recorro rumbo al norte
con el harpa asaz sencida,
y el velamen cual suicida
acólito de tu atril:
tripulante de tus crótalos,
al timón tus avicinios,
tus manos como designios
al cielo limpio zafir,

hydraulis serán los óvalos
que trazo hacia mi destino,
mi bote sigue tu ritmo
de ménade en frenesí;
gracias, musa de la danza,
cuerpo tuyo es cuerpo y mármol,
lienzo y suelo teselado
en mosaico, aire y satén,
arte en piel, carne artesana
de talle y ensueños largos,
por quien navega en el Argo
este Orfeo y su pincel.

19

Mélaya de Alejandría,
es tan tarde que amanece,
pies y escarcha sobre el césped,
se aduerme ya mi ironía,
y es que te afanas por nada,
por nada me movería,
me resfrío sin defensa
tras esta fiesta vacía;
bebo culos de cubata,
¿serán estas copas mías?,
tú persistes renqueante,
te crees una hurí de Libia;
amanecer ambarino,
brillo, hiel y porquería,
otra borracha tardía
vomita en una clepsidra,
es tan tarde que tu baile
ni siquiera me suicida
y tapiza mi garganta
el rumor de una colilla.

20

Si no fuera esto un cubil
cuán brillaran luminarias,
la luna tras las vidrieras
de lilar, opaco y ámbar,
y tu calor sería un bolero,
y tu regazo sería un velero,
y tu escozor sería un consuelo,
y mi amargor sería un bureo,
pero en un cubil estoy,
¿esto?, un piano; el tempo es *lento*.
Quiero el vals de tus pechos,
un vaivén de tul y sarga,
como dos bulbos de carne,
¡oh, qué agonía tan larga!,
y te ciñe este cerebro muerto,
y te añoran estos labios viejos,
y te magrea este sordo abuelo,
y te lame este esqueleto seco,
es *lento*, *largo*, *larghissimo*,
un eco, no más, el tempo.
Esta noche vi,
forrada de tierra,
cerca una lombriz
y pensé en tus piernas,
y pensé en tus muslos
como dos jamones,
prietos de primor,
credos e ilusiones.

Si yo fuera un caballero,
¡cuánto brillara la luna!,
¡qué placidez cenital!,
¡la luna allá en sus alturas!,
y esta saliva urdiría requiebros,
y este sudor limpiaría tus miembros,
y tu sudor luciría a destellos,
y tu saliva ardería en mil besos;
pero, ya ves, no lo soy
y esto es un estercolero.
Al amanecer,
inhumado en musgo,
atufando a semen
pienso y me masturbo,
la lombriz de anoche
repta por mi barba,
me olvido y no acabo
la elegante danza.
¿Cuándo volverás del viaje,
alegre, de pico la flauta?
Que voy a morirme de hambre
lo sé yo desde la infancia,
y quién eres tú en mi sordidez,
y qué pintas tú en mi estupidez,
y qué haces aquí, en este atelier,
qué tu belleza en tanta sandez;
cuando transpiro el silencio
insúltame mi niñez.

21

¡Qué víscera entorchada, qué elegante
chica de mi altar, del Pamir pintada,
cumbre cual nitores de colgada
que habitas en mis barrios abundante!;

concede a aqueste idólatra ocupante
trepar por la blanca arteria cortada,
por exótica la ciudad aislada
en nuestro el contubernio llameante;

rojo chino, ascua, tez, rojo fenicio,
rojo frío de impío iluminado
que navega hasta este puerto en su vicio;

¿no nací a tu servicio destinado?,
¿abogó *per se* el estro meretricio?
No niegues, que lo tienes regalado.

22

De Estacio el paisaje en flecos
fabricó romana estima
en mí, ibérica calima,
de caminares entecos
junto con resabios grecos
y algunas manías raras,
como este medir por varas
el tamaño del vacío:
matemático cabrío
y tarifas algo caras;
pero bueno, en mi racimo
de riscal que se desgalga
traigo la pasión hidalga,
que muy fácil yo me animo
medio amante y medio timo,
y la moral contenida,
que es discreta, no encogida,
que es callada, no dormita,
que ya verás cuánto pita
cuando te tenga abatida;
que es por ti, bien por supuesto,
que, aparentemente burda,
por no llamarla palurda,
a esta visita me apresto
tan críptico y predispuesto,
mi doncella cenital
de latino litoral,
y aquí estoy, muy decidido,

garridamente avenido,
sacudiéndome la sal;
toma, romana, en anuencia
mi exvoto de profesor,
cérvix mía, mi motor:
acoge esta reverencia,
relamida, sin pendencia,
purgada de socaliñas:
¡qué suspicaz escudriñas
a este caballero andante!:
deposito en este estante
mi rimado de morriñas.

23

¿Recuerdas los vallejos del pasiego
y aquella mística de lejanía?
Desfógase a la estufa la tartana
mientras la bruma alfombra pedrería,
hidalgo algún blasón guarda el hechizo
que inventa juguetona una sorguiña
pastora y principiante, ilusionada,
con pócimas espúmeas en la risa:
de arambol en arambol yo te acompaño
y el enigma, escalinata, desentraño.
¿Te acuerdas de aquel cielo, todo nata,
cernido sobre un mar engrisecido?
A pie de puerto marcho de tu mano
glorioso e infantil y entretenido,
el columbario sigue allá cerrado
a quien no haya cifrado su principio,
inicios y finales son un chiste
y el faro inanidad en este abismo;
de arambol en arambol yo te acompaño
y el enigma, escalinata, desentraño.
¿Recuerdas plata en la luna sombría
que vino a perseguirnos tras la aurora?
Quién sabe cuántas veces he negado
que seas miserable desertora,
tan verde es este prado otoñalmente
que sonce el verbo mustio me perfora,
y desde entonces ¡pobre! vuelvo a niño
cada vez que describo tu corona,

de arambol en arambol yo te acompaño
y el enigma, escalinata, desentraño:
de platino, electro y oro, escarlata,
azul, y verde noble en el satén,
diadema bergamasca y zarabeta
que pelos deja en lienzo del pincel,
y mi hambre ilusionista y rotatoria
te engasta en el cabello un cascabel,
por eso sé seguirte aunque hayas muerto,
mis ojos hoy son ciegos, no te ven;
de arambol en arambol yo te acompaño
y el enigma, escalinata, desentraño.
¿Te acuerdas del pimiento y el pizpierno,
incienso a cataratas de ese hotel?
Yo sí me acuerdo, a veces, casi siempre,
de aquel cometa errante y del cercén,
¡ay!, ¿cómo habré yo, iluso, de omitirlo?,
muñones repodridos en mi harén,
me grito a los oídos, travestido,
y el sable repicándome en la nuez;
de arambol en arambol yo te acompaño
y el enigma, escalinata, desentraño.

24

Satanás no va a marcharse
porque nadie crea en él,
le veo arrugar tu piel
mientras me bailas desnuda
en este barato hotel;
de la bañera mugrienta
surten kilos de vapor,
semejante es tu estupor
pero yo, que abro los ojos,
veo los suyos tan rojos
manejarte alrededor,
corrientes sin resplandor
que sin fuente están presentes,
ronroneas medio inerte
y te abrazo sin pasión.
El Amor es redentor,
nos miramos al espejo,
¿cuándo nos hicimos viejos?,
hace un rato tú y yo
éramos Selene y Sol,
y ahora no somos nada,
sólo aquella frase helada
de velorio y lagrimón.

25

Porcelana francesa,
medio china, de falsa importación,
arrogante me besa
y pasa mi canción,
silencio es la luz de la habitación;
no sé si ronca o valsa,
así ni se le discierne el acento,
y el paso, otrora salsa,
sosiégase tan lento
que sábeme el violarla cual lamento;
apenas la penetro,
total, si no parece darse cuenta,
un decorado retro,
la vulva macilenta
y el gélido poliéster en magenta;
yo juro, un día amé,
me hundí, ya ni sé cuándo sucedió,
ni cómo ni por qué,
recuerdo que pasó,
total, ya no hay remedio. Rococó.

26

Marta era un sueño despierto
que encontré en una mastaba
en aquel campo estrellado
por las gálicas cañadas,
del patrón, de Santïago,
la de encharcadas enaguas,
¡cómo rielaba en la noche
su esbeltez alborotada!;
inició una senda absurda,
surtía en clave galante,
adolescente anunciaba
la canción del viejo amante.
Arzúa al son de las gaitas,
suspensas en religión,
continuó y se llamó Montse,
a ganzúa penetró
en un corazón borracho
de pecado e ilusión,
sus dos muslos eran fiesta,
gallardetes y tambor,
temblor en un hórreo apócrifo
naciente y estertorante,
seguimos de heno embriagados
la canción del viejo amante.
Camino a seguir mandó,
anduvo la cucaracha
hasta dar su santa sombra
en bautizarse Fuensanta,

muchacha quizá no bella
pero estrella delicada,
por prado en Portomarín
irrumpió en tarde sagrada,
¡la belleza está en el gesto,
no en la cara difamante!,
serrana sonó al ocaso
la canción del viejo amante.
Al varar en O Cebreiro
al navío le nevó,
esquife del río Neva
cuando a Ludwika encontró,
walkiria de allende el Oder,
jadeante me atajó
del estómago hasta el vientre
y a sus pechos comulgó,
colinas de pura nieve,
pezón de rubor radiante,
cumbre de Ancares sonaba a
la canción del viejo amante.
La Faba, Vega Valcarce,
¡caminemos cuesta abajo!,
¿tu nombre es ahora Aurora?,
¡alúmbrame aquestos llanos!,
me mostró andante y gaviera
pingües los campos bercianos,
certera de ojo y ballesta,
de troneras y de manos,
Aurora que dura un suspiro,
que disípase al instante,
bruma cansada y cifrada en
la canción del viejo amante.
Astorga es ciudad antigua,

romana y tan leonesa
que en sus cloacas hay villas
y Prócula es su princesa,
y morcillas en su aliento
y muchas son sus promesas
que descienden del Teleno
en las truchinas del Duerna;
puesto que es el andariego
oriundo de estos cauces
mucho ha sonado en Astorga
la canción del viejo amante.
¡Maricarmen de San Justo!,
para ti a son de dulzaina,
¡Marinés de Santibáñez!,
es contigo de guitarra,
¡Marilena de Hospital!,
viola, chelo, piano y harpa,
¡de San Martín Isabel!,
la más bella y la más rara,
sea rumba o un fandango,
tango, vals o jota errante,
se va acercando a León
la canción del viejo amante.
Rugiente tras las murallas
residió allí una doncella,
parigual nadie, Patricia,
ojizarca, rubia y buena,
le llegó como un susurro
de gatín que ronronea,
melancólica nostalgia
de postor que fantasea,
rumoroso peregrino
que fracasa, un sí implorante,

re menor rigió aquel réquiem,
la canción del viejo amante;
la canción del viejo amante
que por recuerdos pasea,
por arterias y calzadas
y pedregosas verbenas.
Pasan nombres que se acaban
como se arrían las velas
que iluminan dislocadas
de placer, locas, serenas,
mozas, adultas, maduras,
nuevas, medradas, cesantes;
flores son en esta tumba,
la canción del viejo amante.

27

¿Que cómo es la Tierra Santa?
¿Que cómo es Jerusalén?
Yo nada voy a contarte,
si aprendí algo, lo olvidé,
queden atrás estos años,
un paréntesis, se fue,
y no me hagas recordarlo,
veo al fin con nitidez.
Es nitidez de tus ojos,
tú, mi amiga, mi Raquel,
de esos luceros tan francos
que me cristianan la piel,
que me escuchan tan pacientes,
desde la Santa Niñez.
Todos estos turbios años
mi única esperanza fue
que si volvía yo sano
te hablaría sin doblez,
que mis temores de crío
derrotaría y amén
buscaría en tu palabra,
sólo en tus labios la creen;
sorda es, amiga, la guerra,
perdona mi timidez,
sólo hay música en tu gesto,
tu presencia y tu merced.
La guerra es la nada, negrura,
locura, perjurio y hiel,

sólo en tu voz melodiosa
oigo que es real el bien:
como tú huelen las rosas,
canta el mito en el ciprés,
como tú la totovía,
el mirlo de limpia piel,
el carricero en la tarde,
terrera de amanecer,
como tu tez es el pétalo
del más cándido clavel,
si un beso tuyo tuviera
poco sería la miel
de la genista y la jara,
la urce y el tojo montés,
dime, amiga de la infancia,
si tal vez pudiera ser
que tú llegues a quererme
como a un hombre una mujer.
¿Es sí?, ¿podremos ser novios?
¡Ay, vida! ¡Mi novia Raquel!
Me dejas sin habla, mi amada,
toma mi mano, mi bien,
¡que sepa Frómista entera
que adora con avidez
Sancho Rodríguez del Pozo
a Sánchez Rodríguez, Raquel!

28

Un, dos, tres son infantiles
las delicias de tu nuez,
terne chica sefardita
de atezada y tersa piel,
me destenso mal cordero
del laúd al son del ney,
¿es un beso o es caricia
de la muerte en mi Belén?
Cinco rezos me perfuman la vargaña,
imagino los epítetos de España.
Cuatro, cinco las guitarras
este llano envalentonan,
en balde uncen esta patria
que un preludio fina en broma,
las alfombras de Shiraz
descalzos tus pies coronan
y yo quiero regalarte
una pulsera de poma.
Cinco rezos me perfuman la vargaña,
imagino los epítetos de España.
Déjate ese brazalete
al caer el postrer velo,
el más siniestro cruzado
la almenara va siguiendo,
allá, al fin del horizonte
donde la meseta siento
que sentencia silenciosa
mi saudoso y seco credo,

cinco rezos me perfuman la vargaña,
imagino los epítetos de España.
Ya son seis, ya cuento siete,
el tren hunde hollín al cielo,
le troquea un sonsonete
bucólico y macilento,
lividez que es mi pecado,
que me traje de un encuentro
desalmado, de los míos,
de mi sórdido elemento;
cinco rezos me perfuman la vargaña,
imagino los epítetos de España.
Sedeño sueño tu cuerpo,
esqueletos colecciono,
cepedas, mugrones planto
y un kadish jovial te lloro,
hilas, hilas retahílas
con las ruecas de tu rostro,
eres bella, eres mujer,
niña, madre, y eres coro:
cinco rezos me perfuman la vargaña,
imagino los epítetos de España.

Congojas del minarete
son embuste más que aleya,
y yo, absorto ante tu vientre
estoy triste, mi princesa,
me llamaron Niño Huérfano
en la inclusa do naciera,
el que quiso ser mi padre
no me añora ni me piensa;
¿en qué pude defraudarte?,
y tú bailas, cruel trinchera,
con tu ombligo, que es tan duro,
velos y delicadeza,
que es tan joven, tan enérgico
a la trova tan tan lenta
de mis bendires añejos,
mi mizwad y mi bandera;
de qué vale desearte
y el remonte de caderas,
por el callejón el polvo
se acumula y se rebela,
vacía aluenga la tarde
de mi derrota arrapieza,
duna que nutre el lahar
que en tu mamelón comienza,
dices que dignificarte
es tu objeto, compañera;
"no me sigas, no me llames",
has respondido a mi esencia,

¿pensaste que te escuchaba?,
qué inocente eres, manceba,
pero no pares, prosigue,
que yo sigo a tus morenas
formas núbiles, lozanas
entre cendales y gemas;
el fornicio de la noche
será la vasija hueca
que fingirá algún rescate
de las eras venideras,
desde un papiro en retales
ratonados, en conserva,
y perfilo con formón
un arabesco de alheña.

Muros y enigmas
por las sedientas selvas,
por las desiertas simas,
¿han de penar las venas?,
mejor, truenen las tripas
melodías y canciones.
Salvaje Alsacia,
de lomas delicadas
y siluetas de hiedra,
no te pisan los ojos
ni te tientan emblemas,
agonías y prisiones.
Siento en el vientre
de una duquesa triste
y una pastora alegre
que el viento resucita,
que cruje entre deleites,
homilías y sanciones.
Salvaje Alsacia,
estampa de un verano
en una inerte mente,
voy a inventarte un himno
para que me desprecies,
lejanía y decepciones.
Pechos de Europa,
las orquestas vacías
yacen bajo las aguas,
un manantial de angustias

ya no te peregrinan,
harmonías y rencores.
Salvaje Alsacia,
réproba de mi industria,
raspa de mis vagancias,
¡si vuelvo a tus pulsiones
será por arrogancia!,
no te quejes por mis coces.

31

El cierzo este de Gansu es mi rutina,
llevar también retinas del revés,
de modo que no busques los porqués,
amada china, de mi voz cansina;

tú, pólvora para mi carabina,
la historia del cantante piamontés
contarte sólo causaría estrés,
mejor tu cuento, que es de hada madrina;

porqué del virtuosismo de mi flauta,
la causa de trovarte de antemano
no indagues, no me soples tan incauta;

¿que cómo decidí ser escribano?,
¿no fue de suyo Orfeo un argonauta?,
ya ves, santo yo fui antes que profano.

32

¡Qué hay!, bonita romanita,
que soy yo, ¿por qué enrojeces?,
vengo a por tus palideces,
¿no aguardabas mi visita?,
¡hola, tórtola zurita
que lloraba en su partida!,
la comedia está leída,
ésa en la que me avilantas
y a lupanarias suplantas,
hoy eres obedecida;
¿te sorprende mi paseo?,
llego a tiempo, ¿no?, no es tarde,
¿me creías más cobarde?,
un momento, que releo,
y si acaso aquí flaqueo
no será igual en tu piel,
conmigo traigo el pincel,
gama roja me levantas
y a la grisalla desplantas,
¡cuán brillante tu nivel!;
Roma es grande y sacra escuela,
católica y ofrecida,
no la noto yo muy hundida,
no he malgastado la vela
que mis mástiles revuela
y me sale por el pico,
que es latino, culto y rico,
y es que es verte y lo reimplantas,

mi espinela soliviantas
y aunque surreal, mastico.
¿A qué estamos esperando?
Sonó el himno nacional,
la chavala aquí…el chaval…
la persiana ve cerrando,
villa y tálamo cercando,
se ha cumplido, sí, el rumor
del hispano explorador
a quien de ansias harto enmantas;
¿qué sucede?, ¿es que te espantas?,
¿qué me cuentas del licor…?

33

En Éfeso las trompetas
desvelan tus calabozos,
charolados papelines
colman juergas y destrozos,
y aquellos torvos albedos
que fueron ayer tus hombros
tiemblan, como las murallas
de inciertos túmulos godos;
asgo, rustido, el timbal
por avenidas de Esmirna,
Sosia, Cardo y Decumeno
roman perfiles y aristas,
trueno por esas ternuras,
vuelvo por verte sumisa
a mi trivial ordenanza
que excedente te conquista;
ser de Pérgamo cabriola,
volatín significado,
ser tu acompañante solo,
nada más, y bien mandado,
sed de viento virulento,
tan manido y heredado,
yo soy a la vez que gordo
tu esbelto corcel alado;
por Tiatira van trombones
presos y desesperados
y exoneran de prisiones
tus tobillos delicados,

confetis sin fe ni fuego
dejan mi vello incendiado,
huelo como los otoños
de los pueblos castellanos;
tu sexo verde está en Sardes
como si no hubiera tiempo,
y yo, esmero delator,
a brochazos me lo invento,
ten piedad del condenado,
acompaña el sufrimiento,
la turuta y el tambor
timbran pascuas de lamento;
Filadelfia de Decápolis
o de paramera turca,
del nuevo mundo cesante
o de requesada rústica,
pego en tu cuero tan fino
que hiede a mística música,
ora olívano, ora mirra,
oro corona tu angustia;
reina de la Laodicea,
lo siento, ya he terminado,
quise postergar amén
mas, ya ves, no lo he logrado,
lo siento, lo siento, amor,
siento haberte defraudado,
ojalá hubiera un mañana,
mas no lo hay. Sólo te extraño.

34

Rococó de rosicleres
y de putas al pastel,
las nupcias hoy se celebran
en un lunes de un motel,
florecillas impostadas de papel,
la mesilla, pino joven sin mantel,
la garrafa, y el camastro sin dosel,
novia dócil, y chirriante el carrusel.
Decadente barrio pobre,
fragancia de alcantarilla,
ni esto es el París de Francia
ni ella Carmen de Sevilla,
huele mal su vello púbico, a guindilla,
y yo no precisamente a buganvilla,
tos tremante de camión afuera brilla,
Cenicienta trajo algo en su zapatilla.
Pese a todo le he jurado,
a esta intrépida odalisca,
que escribiría un poema
a su estampa de morisca,
¡mi morisca!, ¡dúctil gema!, es hoy Francisca,
y es muy buena, aunque es teflón y no arenisca,
se le nota una niñez que enamorisca
y se esfuerza sin porqué, jamás arisca.

35

Fuiste mi amante en Soria
y luego te he seguido,
si me ves constipado
es porque ya he perdido,
un queseyó en mi pecho
perlúcido ha crecido,
y hay sienes que por sabio
me tienen protegido;
la edad de la justicia se agotó,
permite que te allegue aquesta flor.
Levantas el oído al soslayar
hebras de mi sitar tan transparente,
te pones como loca de temor,
como si todavía este teniente
pudiera zaherirte en el rotor,
quebrarte ya madura, en el presente,
no temas, mi soriana, tenme ley,
aún preferiría protegerte,
no importa la justicia
si el alma no está limpia.
Anudas todavía
cintas de rojo fuego
ahí, en tu balaústre,
lo han visto estos ojuelos
que devora la tierra,
muertos, vivos, traviesos,
ávidos como siempre,
al orden de este tiempo,

mi jueza eres, sólo tú me conoces,
por quieta no se acaban las canciones.
Sé que ahora te dedicas a pintar,
también que tu talento has malogrado,
comentas que falsa es mi autoridad,
me río tanto que incluso he llorado,
¿crees que algún ser humano sabe más
que este mendigo estéril del cadalso?
Hoy vuelvo justamente a demostrarte
que tu criterio es bello como un sapo
hecho de plastilina
y algo de esparadrapo,
diarrea repentina
y un lenguaje de trapo.

36

Pido perdón a mis libros,
el público los desprecia
sobre todo por ser míos,
mucho iría en admirarlos
respetarme un poco a mí
y eso causa escalofríos.
Mayorazgo de este paria
acarrean, pobrecillos,
y la herencia envenenada
les destroza los caminos.
Les prometo cada tarde,
por aliviar su suplicio,
que me quitaré de en medio
no tardando, y su cilicio,
su maldición y su lastre
pronto les hará servicio.
Por desgracia, mis deberes,
el martirio de mi oficio,
está aún a medio hacer,
¡cuánto sufro por mis niños!

Miseria de asechanzas infinita,
birlé al bardo Gainsbourg el decorado,
recado me atizó desesperado,
delicadeza en flor que se marchita;

doblegada en tus dedos margarita
van mis voces de gladiolo doblado,
aún bello de pétalo, quebrado
empero por un asma asaz proscrita;

va el negro, el tabacoso, va el azul,
con su semblante enfermo y penetrante,
que aspira a tierra santa mi baúl;

¿será este gris preludio de un radiante
sol, la puerta maciza sólo un tul?
Quisiera estar más sano el suplicante.

38

Mi capío castellano
de cazador sin instinto
conquista el vergel de Huelva
y tolares del abismo
de allende la triste Atlántida,
mi zurna, en desaborido,
retira tus siete velos,
poco a poco, tan sin brío;
¡voto a Dios!, sólo lo pienso,
¡voto a tal y voto a Cristo!,
huelo tu sexo remoto
sin humor y a lento ritmo,
aliento desperdiciado,
tu cuerpo pesado y tibio,
tu viento desarbolado,
tu vapor sediento y frío;
el cigarro se consume
y en la noche canta un grillo,
tus danzas yacen insomnes
junto a un estor amarillo,
la luna dora tus pechos
ya jubilados del vicio,
mas da igual, no te interrogo
y si te gozo es vacío.

Rococó de Pajarillos,
pavo magro, igual real,
me cuenta algo de su vida,
que a veces sale a bailar,
dice que lo hace muy bien
pero se le da muy mal,
igual da, ella se lo cree,
¿la voy a desencantar?
Me conmueve su ballet
improvisado y carnal,
flexible como de plástico
y ritmo de Bogotá;
aplaudo su santa fe,
su cesárea y sus *glissades*,
le prometo yo un poema,
le he dicho que soy genial,
que soy Góngora y soy Lorca,
que cuando me ve pasar
la Academia frente a Goya
se destoca servicial;
que me acogen reverencias
en Madrid, París, Milán;
que cuando me den el nóbel
se lo voy a dedicar.

40

Fantomás ya llega a Roma,
solfas y timbres de amor,
los hastíos ya por Ostia en
Fiumicino se olvidó,
tras zozobrar su navío,
tras hundirse el galeón
en un mar extemporáneo
de tan frío, ¡qué terror!,
que un carámbano de tierra
las amuras perforó;
toma sus ofrendas de árgomas
y flores de la camelia,
dama del Lazio ermitaña
con dos faros como enseña
de tus senos, óleo y ánfora,
de tu sexo y de tu Iglesia,
que en tu nombre ha conquistado
un inhóspito planeta,
patria de un endriago triste,
sin fuste, vigor, presencia;
trae también dulces de carne
a los pies del Quirinal
para que tus dientes suaves
los puedan despedazar,
hieren sendos los colmillos
los latidos del manjar,
si suspiras mientras zampas
ya se pueden escuchar

las odas de tus pulmones
como una marcha nupcial;
tienes sonrisa de nena
pese a tu figura adulta,
con ese busto, colinas
eternas de la urbe augusta,
porque no escuchas los cuentos
que tantos otros disfrutan
en un estupor baldío
y en una prosapia brusca,
bruta, en lenguas asaz bárbaras
que agonizan no maduras;
mas la tuya, mi romana,
¿no parece ya natura?,
como andaluza y lozana,
medio gitana tan pura,
jerigonza que atraviesa
en otros tiempos del nunca,
de nadas y de jamases,
allende las sepulturas;
será mentira tu danza,
¿hay mentira más segura?

41

Ante Asia me acuclillo yo ignorante
al ver a su incitante bailarina,
así de grácil, docta, benjamina
de vientre tan sutil y fascinante;

¿yo peco?, ¡ay, pecar reconfortante!,
mejor que barragana concubina
elija voz la pluma cisalpina
por elevarse a canto edificante;

es leve, mi ala fácil la transporta
como un cendal de raso y terciopelo,
la ruta es larga, mas se me hace corta;

no pesa, no me queman sol ni hielo,
la estepa nos escruta muda, absorta;
¡qué dulce, acariciante su flagelo!

42

Giras mucho y para nada
urgida por mi zumbel,
yermo y huero, mi peón,
rellena cual cascabel,
y es que quise liberarte,
cimarrona del desdén,
y desnortada te alejas
de León y del harén;
odalisca en mi ilusión,
óbito rejuveneces,
La Bañeza apesta a azúcar,
a comarca y a molleces,
a epidemias fantasiosas
y a ingenios crudos, raheces,
en primavera me tumbo
en las praderas silvestres,
miro al cielo por si veo
la peonza entre mis jueces;
tarde o temprano, mi amor,
juro que voy a traerte,
pero ya sabes que poco
pesa mi verbo tan verde;
Ápate, dices, te llamas,
responde lombriz ecuestre,
como una vaca extenuada
que se pudre entre dos frentes.

43

Amor, viril mazurca
te toca ahora bailar,
decórate la tiara
con cumbres de lilar,
góral despendolada
con crencha como altar,
tu mantel olfateo
sin dejar de girar.
¡Cuántas horas, serenata de sudor!
Yo cojo obra de viento, toma el tambor.
Amor de obscuros bosques,
de cámaras de gas,
libros y jasidíes
te enseñan a volar,
te ciño la cintura
y aprendes a botar,
se alza joven tu busto
antes de aterrizar.
¡Cuántas horas, serenata de sudor!
Yo cojo obra de viento, toma el tambor.
Amor que sobrazado
me viene a acompañar,
el bies como cuchillas
de tu falda rapaz
me tala las rodillas
con serrucho tenaz,
y yo te grito: "¡Sigue!",
y el cuervo: "Nunca más".

¡Cuántas horas, serenata de sudor!
Yo cojo obra de viento, toma el tambor.
Amor enlagrimado,
sopor sin descansar,
torpor pelado y cruento,
trascendente y vulgar,
noche de celuloide
en núbil crepitar,
doncella casta y rubia,
yerta, sin desvirgar.
¡Cuántas horas, serenata de sudor!
Yo cojo obra de viento, toma el tambor.
Amor mondo, en bisel,
no pesas ni un dinar,
vellón en tu belleza
de centella fugaz,
¿crees que yo no te quiero
de tanto avasallar?,
no sabes lo que piensas,
y de decir, callar.
¡Cuántas horas, serenata de sudor!
Yo cojo obra de viento, toma el tambor.

44

Tiro la primera piedra,
tirachinas rococó,
ella lanza la segunda,
no le sale a ella mejor,
y aunque es puta y algo fea
hoy nos redime el amor.
Le dije: "Iremos al Cielo",
dulcemente sonrïó,
escorzó bajo las sábanas
y a sus quince retornó,
creo que la hecho feliz
entre doce y media y dos.
Le he dicho que soy famoso,
un perínclito escritor,
que acude a mis recitales
Malasaña, el Papa y Dios;
por supuesto, lo ha creído,
siempre traga el corazón,
creo que la hice dichosa,
pensarán que inocentón
es aqueste poetastro,
pero opino yo que no,
porque antes de despedirnos
me besó, y algo lloró.

45

Es alzarse el telón
y la blanca neblina entreazulada
tinta la inspiración,
y emerge tu silueta, pincelada,
vivaces *tours en chaines*,
se funde bajo el pie la tundra helada
y manso el corazón
ensalma el alma otrora aquerellada;
las paces con el mundo
acuerdas en mi pecho acrisolada,
pristínase el quebranto
y queda la negrura clareada;
siguen las *promenades*
y encuentro tu pasión en la mirada,
gema, vitral, cristal,
de inercias eternales soflamada.
Toca que al violín lento
le claves un *frappé* de dentellada,
donosa, porque es tuya,
penetra por mis ojos delicada,
la muerte me persigue,
mas mientras danzas pena rezagada.
¿Qué resta?, la ovación,
mi amada, Melusina entresoñada,
¿cómo será posible
que hogaño su arte haya extinguido el hada?

46

Hebe, entiende a este proscrito,
que te espíe yo las danzas,
que a bombazos lo amenazan
exterminios de amargor,
toléralo, que es mendigo,
¿no ves acaso sus trazas?,
nada hará, que sus nostalgias
inasibles son, vapor,
inefables asonancias,
míralo, ¡si es un espectro!,
invisible más que incierto,
no censures su dolor,
y quién sabe, si hay mañana
quizá pueda resarcirte,
que a menudo crece en cisne
un feróstico dolor;
gemas tengo, no en las manos,
cráneo adentro, en estos páramos,
y si bien hoy penan áridos
tarde o pronto lloverá,
será silvas el sarcasmo,
corindón el fruto de árbol
que parlero sin encanto
es hoy tu merodear,
no condenes sus maneras,
sus frezas de miserable,
¿qué humano no lo hay culpable?,
todo sana tras orar,

y a la vez que vitupera
se adentra en capilla y nave,
su barbarie tiende a suave,
sólo tienes que esperar:
ópalos cubren sus yemas,
ya le brotan esmeraldas,
y son alma de sus savias
emulsiones de zircón,
ágata, jade, espinela
preconizan ya sus ramas,
y el negror de la obsidiana
ya clareará al albor;
gracias, Hebe, joven niña,
por ofrendar tus caderas
que melódicas, serenas,
mecen bello este sindiós,
este caos y esta rapiña
que tu gesto beneficia,
ennoblece y dignifica
como sólo sabe Amor.

47

Clave piedra de valor divisas
tras la cándida montura de cristales,
espumea el ojo, arcos de metales
encierran luminares pitonisas;

vidrieras irrompibles y remisas
damas, duras guardesas imperiales
que mis violencias febles, temporales,
ni alcanzan a retar a diaconisas;

y tú nunca me has ayudado, fuente,
no has sido compasiva del paniego
que de ti ha vivido fiel y pendiente;

¡oh!, ¡firme vitral, cruel y palaciego!,
el resultado en nada es sorprendente,
¿por ello he de morirme entre sosiego?

48

No he partido de Sición
sino de Madrid-Barajas,
no por ello son las rajas
que han sajado mi razón,
porque ha sido tu canción,
mis castidades inclinas,
y conquistadas mis minas
te visito al reino célico,
enamorado y famélico
por tus formas bailarinas;
¡dánzame a luz de bombillas
con esa holgura ancillesca!,
si escaseas, ten mi yesca,
no me importan las postillas,
porcelanas las arcillas
al compás de tu batuta
y fragante tu viruta,
no te pensaré zumbuda
por brete de estar desnuda;
¡vamos, presto, ya, ejecuta!
Si te dueles, tengo alcohol,
ante tu beldad se inclina
monumento mío y ruina,
a tu mínimo arrebol,
sea aliento de mentol,
de garriga o de cardal,
si es tu aroma personal
no me encontrarás dolido,

con que sea tu sonido
ya resultará especial;
ya eres mar, ya eres marina,
¿que desande mi camino?,
¿qué me cuentas del vecino?,
¿qué argumentas de doctrina,
de la vida de rutina?
No es verdad, no veo esposo,
ni un calentón oneroso,
sólo veo soledad,
sólo veo realidad
donde tú ves un leproso.

49

Cuando yo fui joven, eras de bohemia,
y vivía de aires y ecos de blasfemia,
lucía garrido hiendas y estocadas,
maestro aprendiz, letal academia,
un día cristal y al siguiente anemia,
la palidez viva y las crines doradas.
Eras tú entretanto cordial pantomima,
¿te acuerdas, amada?, ¿tu juvenal cima?,
honrada, ideal, de artes heredadas,
contigo el futuro horadaba su sima.
¿Fue mío el florete mas tuya la esgrima?
Entrambas caretas danzaban tocadas.
Por ser mías nervio, las tuyas tranquilas,
modelo perfecta de Hada de las Lilas,
trenzamos historias de amor sombreadas,
latidos, sudores, deleites, axilas,
icor y estupores, melisa y tequilas,
pasó juventud lentamente a zancadas.
¿Quién iba a decir en aquella tarima
que aquel aristócrata de brío y rima
saldría escorzando ruinosas bocadas?
Mejor para ti se ha caldeado el clima,
hoy húmido el nervio, sin quien lo redima,
y tú con tus glorias tan inesperadas.
Preceda el encomio a una espuria paremia,
que sabe el buen Dios al final a quién premia,
y sábelo igual quien discierne miradas;
hogaño el tequila diluvia epidemia

y sigue melisa serena y abstemia,
¡felices aquellas romanzas pasadas!

50

Le he colado a esta muchacha,
sin arte aprendiz de hetaira,
que soy escritor famoso,
se ha quedado entusiasmada.
Créanme, no es vanidad,
allá me observa embobada,
loca, tiéneme, quién sabe,
por el príncipe de España,
que en la Selección estoy,
que soy testa coronada,
y aunque, bueno, es la verdad,
hoy por hoy verdad y nada…
sueno casi a arqueología,
museo, momia, fantasma.
Pero sé que a esta turista
residente en la posada
le hace cumplida ilusión,
que se siente emocionada,
realizada, y que feliz
irá contando mañana
entre adláteres del gremio
su inaudita gran hazaña,
fardará toda la vida
de que fue musa primada
del hombre más importante
que habitó esta cruel patraña.
¿No es curioso este prestigio?
Yo me río y llora el alma.

El sultán, en la entrevista
aún posa, ¡ay, qué monada!,
delante de los estantes
y escandaliza epigramas.
La chavala candorosa
unas místicas miradas
añade a su noche lúgubre
y sazona asaz su danza.
Un poco de sal a la vida
poco cuesta, y entregada
la lanza de este guerrero
quizá valga en humoradas,
porque en lo que a guerra toca...
¿cuándo fueron las batallas?

51

Hay que entrar a sotabancos
donde púdrense las parras
de Geras, como escaras
que encandécenle la espalda,
para escalar la belleza
de la voz de este cantante y
la canción del viejo amante.
Por pocilgas, muladares
y zahúrdas asfixiadas
silban sus melancolías
y nostálgicas baladas,
con su voz que, magra gripe,
remonta a un ocaso distante,
la canción del viejo amante.
Aún conmueve a muchachas
que aunque apenas saben nada
poesía en las entrañas
llevan hendida cual archa,
habla del mar inquietante
la canción del viejo amante.
Gustosas polifonías
harmonizan todo y nada,
remiten al horizonte
y a culpas inveteradas,
deleitosas, penitentes,
hipnotiza, Dios mediante,
la canción del viejo amante.
Atestan los pudrideros

los maestros de capilla,
fósiles de pentagrama,
carcasas hechas papillas,
colores de tono espurio
y sabuloso diamante
la canción del viejo amante.
Cántame, moza preciosa,
que sea voz maravilla,
cántame, dama, y restaña
mi postrímera costilla,
la única que queda entera y
me protege acompañante
la canción del viejo amante.

52

Sé que sonarán sonrisas
nostálgicas, luego lágrimas,
de algún bailarín errante
por esta triste tonada,
por sus compases tan lentos
que sombrean las estancias,
lóbregos y cenicientos,
a serrín huelen preñados,
y es que hay un chiste en su título:
"Conde Drácula Turrado".
Tiene las manos enormes,
es fornido como un árbol,
penetra en boca de un horno
y enraíza en camposanto,
una leyenda a su vera
y la piedad al costado,
está mirando hacia el Eria
con San Juan al zurdo flanco;
el estribillo de nuevo:
conde Drácula Turrado.
Sisa llora, ¡si es chafalda!,
Lala plañe un lalalá,
Cali canta y desafina,
Sasi sigue más audaz,
son los cuatro serenata,
coro en planto de cristal
que se quiebra, ¡qué tragedia!,
tan brusco e inesperado;

los vientos frasean graves:
conde Drácula Turrado.
En Pobladura hay erinas
y una casa junto al caño,
una Virgen de capilla,
en la iglesia, que es un cuadro,
una Anunciación al óleo
de Fra Angélico tomado,
simple, sin sombra, sencilla,
a este pueblo fue entregado,
y en las calles un susurro:
conde Drácula Turrado.
En Torres, en la verbena
que da cédula al verano
llevaba los pasodobles
como un sol allá a lo alto,
mejor que el mejor torero,
piececitos reposados
sobre pies grandes de padre,
giro, giro, paso y cambio;
luego le toca a la novia,
conde Drácula Turrado.
¡Va por ti!, ¡viva el maestro!,
quede lo bueno grabado,
de este pinche de la ñapa,
quede enterrado lo malo,
se transformó en un plumín
lo que fuera gubia antaño,
huela a tinta voladora
lo que fue hierro y estaño;
te añoramos, hasta pronto,
conde Drácula Turrado.

53

Me bailas por caridad,
lo confieso, lo agradezco,
tú, mi nena morabita,
mi morena de abolengo,
sobre el yermo andalusí
bajo un toldo en un barbecho,
yo te enseño alicaído
la absurda esencia del tiempo;
dentro el llanto de un rabel,
fuera el eco del silencio,
la fogata ni en pavesas
por tu piel traza secretos,
tatüada y deleitable
me insomnia los siete velos
y a la helada sin pasión
saca el último consuelo;
quise darte un postrer canto
y un rezagado soneto,
es inútil, ya estás ebria,
tus pestañas te destemplo,
basílica entre riñones
acónito me entrometo,
si gimes, bella esmeralda,
siento que no lo merezco;
no merezco tu mirada
de vida en un odre nuevo,
no merezco tus mejillas
ni me merezco tus dedos,

se me extinguen las morcellas
de un postrero verbo austero,
¿fallecí de tanto amor?,
qué más da, no soy sincero.

Este libro se publicó
en el mes de junio
del año 2024